믿기 어렵지만
지금은 2022년이다

그새 난 만화보다는 유튜브를 하고있고

애는 엄청나게 커져있고

세월은 미친듯이 빠르게 흐르고

나라꼴은 그동안 엉망진창이 돼있고

공산주의 망령은 어느새 우리곁에
불쑥 다가와 일상이 됐다

천만다행히 끔찍한 공산정권의
연이은 출범은 아슬아슬하게 막았지만

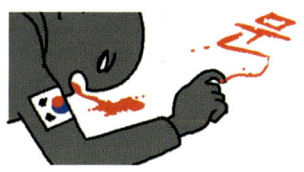

지난 5년간 이 나라는 모든 면에서 수습이 불가능한 상태

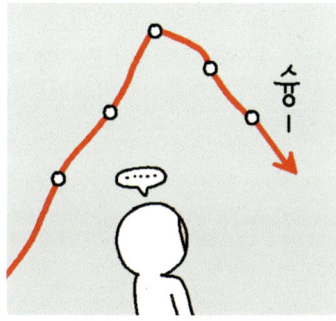

1970년대에 태어나 대한민국 50년 흥망성쇠를 직접 경험한 난

두 마음이 동시에 들면서

내 또래들보다 척박한 세상을 견디는 2030 세대들에게

❶ 세상을 보는 눈과 ❷ 본인에게 진짜로 도움이 되는 인생관을 알려주는 것

그래서 이런 어른 보다는

이런 어른이 되기위해서

prologue

이것이 바로 '상대적 박탈감'

이 사람은 실제로 손해본 것이 하나도 없는데도
행복에서 불행으로 감정이 곤두박질 쳤다.

"비교의 열매" - **상대적 박탈감**

제 2 화 : 쟤가 잘생겨서 내가 못생긴 게 아니다

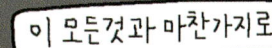

제 3 화 : 모두를 만족시키는 리더는 없다

진상보존의 법칙

큰소리내는 사람들에게 굳이뭐라하기도 그렇고
분위기 해치는게 싫기도 하니까...

거짓말을 해서라도 조용한
다수를 위한 선택을 한다

말을 들어줘도 계속 불평불만이 생기더라구...

얘길 듣다보니 10명 여행팀의
그대로 확대버전이 대한민국 같네...

지금 우리 사회의 리더들은 누구를 위한 선택을 하고있나

모두가 만족하지 못하는 나라가 되고있다.

제 4 화 : 잘 사는 나라의 특징

잘사는 나라는

대기업이 많은 나라

못사는 나라는

대기업이 없는 나라

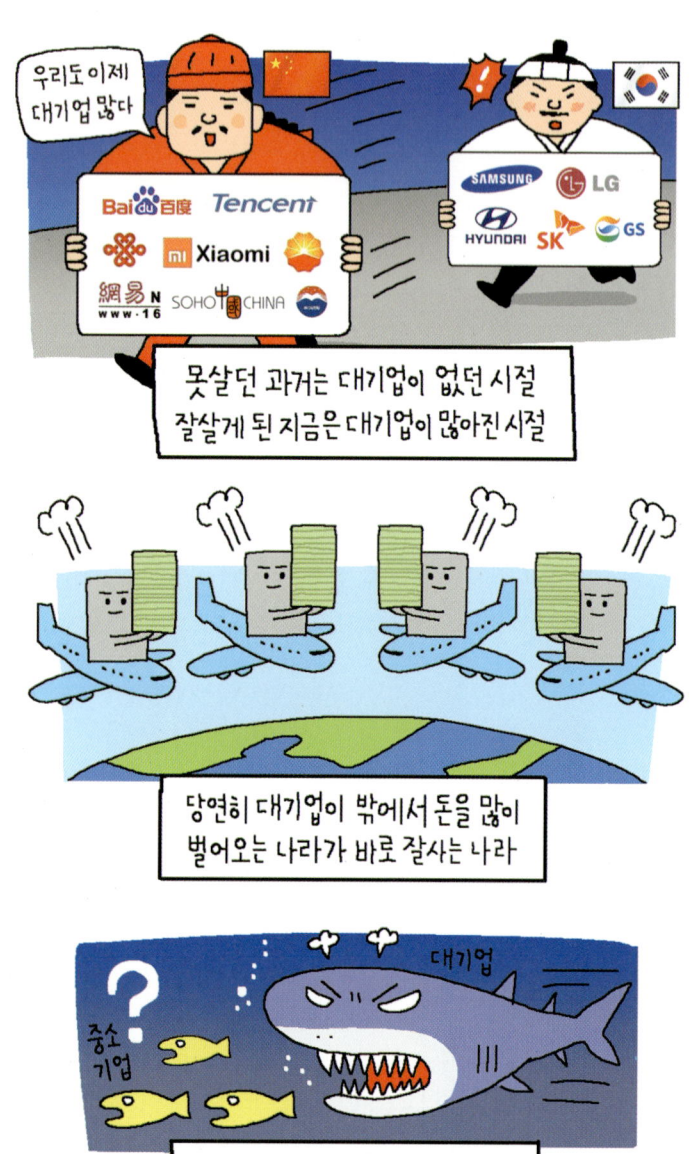

알고보면 중소기업에게 없어서는 안될 고마운 그늘인 경우도 아주 많다.

중소기업도 그렇게 커서

자신도 역시 또 누군가의 그늘이 되기도 해야하는데

그러나 민족주의는 부정적으로 발현되기도 한다는게 문제다.

민족이라는 공동체 의식은 어디까지나 감성의 영역이지 옳고 그름을 구별하는 이성의 영역이 아니기 때문이다.

몇몇 나쁜 정치인이 작정하고 선동해 '민족'이라는 감성을 잘 다듬고 키우면

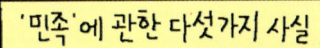

필자도 얼마전에 안 사실들

다시말해 우리가 언뜻 영원불멸처럼 생각하는 '민족' 이라는 개념은 알고보면 의외로 최근에 생긴 것이며

정치적 상황등에 의해 곧잘 변하기도 하고 관점에 따라 해석이 달라지기도 하는것이고

주의 : 부작용

나쁜사람들에 의해 나쁘게 쓰이기도 한다는것!

제 6 화 : 제주 4·3사건에 대해 알아보자

① 북한엔 광복후 1946년 김일성에 의해 공산주의 정당 **'로동당'**이 창설된다.

② 그런데 로동당은 북한에만 있는게 아니었다. 남한에도 박헌영 등을 중심으로 한 '남로당'이 있었다.

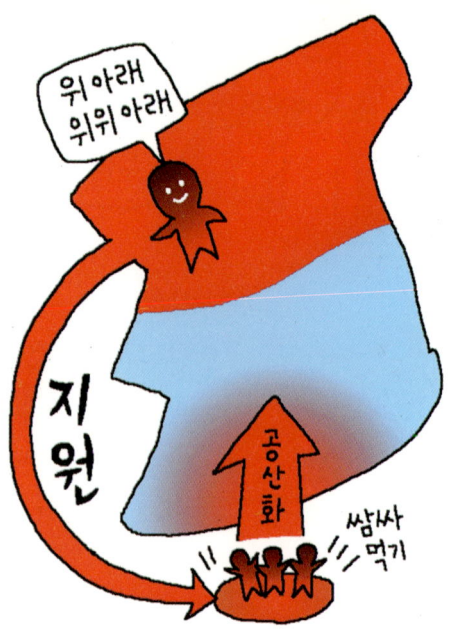

③ 남로당은 북 로동당의 지원을 받아 아래로부터의 한반도 100% 공산화를 꿈꾸던 단체로

④ 이들은 1947년 4월 3일 제주를 중심으로 남한을 뒤엎어 북한에 흡수시키고자 무장봉기를 일으킨다.

⑤ 남로당은 순진한 제주시민 사이로 스며 들어가는 전략을 썼다. 실제로 당시는 공산주의가 뭔지 모르던 시절이라 협력하는 주민들도 꽤 있었다.

⑥ 진압하러 간 정부군은 당황했다. 남로당 세력과 선량한 주민들을 구분해낼 수가 없었기 때문이다.

⑦ 그래서 그냥 다 쐈다…. 무장세력은 물론 선량한 주민들까지 많은 사람들이 사망한다. 이것이 바로 비극적인 4·3 사건이다.

⑧ 이후 북한으로 넘어간 박헌영과 남로당 잔당들은 김일성에 의해 모두 숙청된다.

⑨ 이 사건으로 희생된 주민들을 기리기위한 4·3 평화공원이 2002년에 짓기시작해 2008년에 완공됐다.

⑩ 이 공원엔 엉뚱하게도 4·3 사건의 원흉이었던 남로당 세력들도 은근슬쩍 무고한 시민희생자틈에 모셔져 있다;;

이런 황당한 일이······

제 7 화 : 사회적? 사회의 적!

어마어마했던 오징어 대전의 세계!!
각반마다 최강 고수들이 존재했으며

반 대항 오징어 대전이 열리는 날엔
그 긴장감이 월드컵 결승 못지 않았지.

그친구는 깍두기가 되었다

근데 이 당연한 상식이 무너지는 현장이 있으니

깍두기 기업의 위엄

이들의 갑은 소비자보다는 정부. 정부지원금이 최대의 관심사.

사회적 자본   **사회적** 약자

사회적 공동체   **사회적** 일자리

뭐든지 앞에 '사회적'이 붙으면 감성적이고 이타적인 느낌이 든다.

이윤이 필수인 기업 앞에도 '사회적'이 붙고
건강해야할 경제앞에도 '사회적'이 붙었다.

'사회적'이라는 단어엔 '책임회피'가 들어있다.
남들이 다 지는 책임을 이들은 온전히 지지않는다.

천개 넘는 사회적기업
86%가 적자...ㅠㅠ

책임을 지지않는 자는
경쟁력이 약할수밖에...

제 8 화 : 6.25에 관한 인식 심각하다

초딩아들이 학교에서 받아온 가정통신문

한번 읽어봅시다

♣계기교육 - 6.25 한국전쟁

〈전쟁과정〉

지금부터 65년 전인 1950년부터 1953년까지 남한과 북한이 싸운 전쟁. 미국, 소련, 중국도 이 전쟁에 참여했으며 다른 이름으로 '한국전쟁' 이라고도 합니다.

1) 북한군의 진격 (1950.6.25)
2) 유엔군의 참전 (1950.7.17)
3) 중국 공산군의 개입 (1950.10.25)
4) 우리 국군 후퇴 (1951.1.14)
5) 빼앗긴 서울 다시 찾음 (1951.3.5)
6) 38도선을 중심으로한 치열한 전투 (1951.4~)
7) 휴전협정 (1953.7.27)

〈전쟁이 우리에게 남긴 것〉

① 인명피해 ② 경제적 피해 ③ 적대감과 보복
④ 분단이 굳어짐 ⑤ 분단비용 및 통일부담 등

 이 통신문을 다 읽은 후 드는 느낌은?

① 깜짝 놀라고 화가 난다!!!

② "이게 뭐?" 아무렇지도 않다.

③ 흐뭇하다.

진단결과 ①
당신은 매우 정상적인 대한민국 국민입니다.

진단결과 ②
당신은 자신도 모르게 세뇌되어 있습니다...;;;

진단결과 ③
당신은 너무너무 위험한 사람입니다.

북 동지들이 잘하고 있구만

"당신은 어느쪽?"

① 6.25가 남한과 북한이 싸운 '한국전쟁' 이라고??

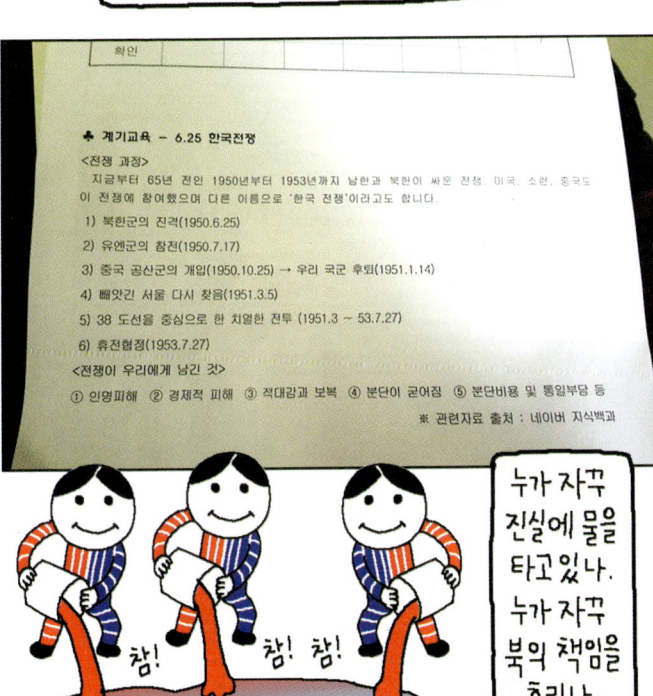

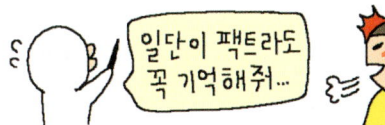

그러나 대한민국에서 6·25의 의미는 날이 갈수록 희미해지고

6·25를 얘기하는 것이 70년대스럽고 고리타분한 보수꼴통 이미지가 돼버렸다.

6·25 전쟁은 한국 국민이 미국을 비롯한 자유진영의 도움을 받아

한국을 공산진영으로 편입시키려는 소련을 비롯한 국제 공산주의 세력으로부터

▶◀ 6·25 전쟁 순국선열 & 참전국들 감사합니다. ▶◀

제 10 화 : 대형사고 특조위

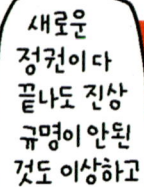

* 이 만화는 픽션이고 실제단체와 관련이 없었으면 좋겠습니다

제 11 화 : 건국이 뭔지 알어?

당시 이나라는 일제 식민지배를 당한후 원래대로 뽕~ 회복된 상태가아니라

일제 식민지배를 당한후 모든것이 원래 모습과 180° 완전히 달라져버린 상태였다.

수백년간 해모던 왕정도 신분제도 노예제도 다 사라졌다. 모든게 180° 다 달라져서 이전으로 돌아갈수가 없었다.

그럼 이쯤에서 나라를 만드는 대략 과정을 한번 살펴보면~

① 영토를 확보해야 한다.

② 국가의 기본적인 건국 이념을 만들어야 한다.

③ 대통령 중심제 or 내각책임제 선택

④ 유능한 관료들을 양성하고 중용한다.

⑤ 군대를 갖추어 안보를 꾀해야한다.

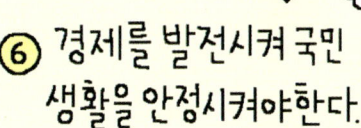

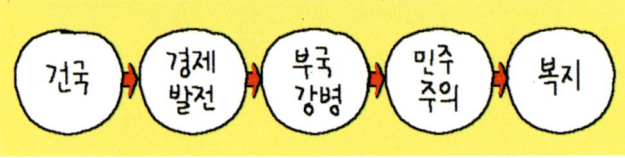

조선왕조, 일제에서 벗어나 이제막 나라란걸 만들기 시작한 지도자에게

지금의 잣대를 들이대며 비난하는 것은 그래서 말이 안된다.

이제 막 연습생 시작한 신인 선수에게 왜 2020년 MVP처럼 200안타도 못치냐고 하는것과 마찬가지

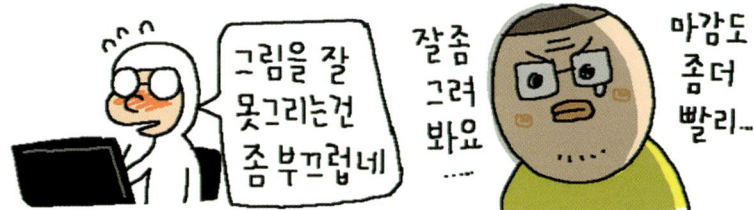

그런데 언제부턴가

넌 너무 개인적이야! 개인만 잘살면 다냐? 치사한놈

'개인'이 뭔가 나쁜 의미로 여겨지기 시작했다.

개인주의

사실 별로 나쁠것이 없는 개인주의에

소시오패스
지밖에 몰라
자기중심적
이기주의

개인놈

나쁜 의미를 덧씌우며 이타심을 강요하는 사람들

그러면서 개인을

집단화 하고

집단 속 '개인'의 존재를 흐려

거대한 집단주의 사회를 만들어 낸다.

우리 주변엔 자꾸 어떻게든 집단을
말하고 공공을 키우려는 사람들이 있다.

그리고 그 안에 들어가서 권리는 최대화 하고
책임은 최소화 하면서 살고싶어한다.

제 13 화 : 난리난 조선의 충격 실체

이쯤에서 아무래도 **조선**에 대해 한번 정리하고 넘어가야 할 것 같습니다.

여러분은 '조선시대' 하면 무엇이 떠오르나요?

짐?

인자한 주상전하, 아름다운 문화유산, 청렴한 선비들... 멋스러운 한옥과 한복 등등이 떠오르시나요?

저도 그동안은 예쁜 사극 속의 그런 이미지를 떠올렸었는데

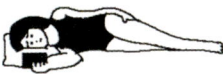

② 사농공상의 폐단이 매우 컸다.

③ 지배층의 학문은 현실을 제대로 반영하지 못했다.

❹ 이들은 끊임없이 편을 갈라 모함하고 싸우고 헐뜯었다.

❺ 조선은 노예제도를 운용했다.

6 당신 집안의 성씨 및 족보는 엉터리일 확률이 매우높다.

7 조선말 국정운영을 주도했던 명성황후는 뮤지컬 내용처럼 멋지지 않았다.

8 조선 사람들은 40살을 넘기기도 힘들었다.

9 조선에 인물이 없었던건 아니었다.

고정관념을 벗어나고자 했던 실학자들이 있었다.

10 하지만 조선은 개혁다운 개혁을 하지 못했다.

몇몇 실학자의 개혁 의지가 관철되기에 기존 집권세력의 벽은 너무 높았다.

왜 영화에서 기업인은 주로 이런 야비한 이미지일까

문화예술 콘텐츠라면 약자인 주인공이
강자인 기득권에 저항하는게 매력

그래서 이런 구도가 계속 나온다.
이런 장면이 카타르시스를 준다.

영화는 이런 모습이 어찌보면 자연스러운 것 같다.
문화 콘텐츠에서는 이들이 대세이자 기득권일수도...

제 15 화 : 사람을 뽑고싶어

기업들은 기본적으로

사람을 자르고 싶어하는 존재가 아니라 사람을 '뽑고 싶어하는' 존재다.

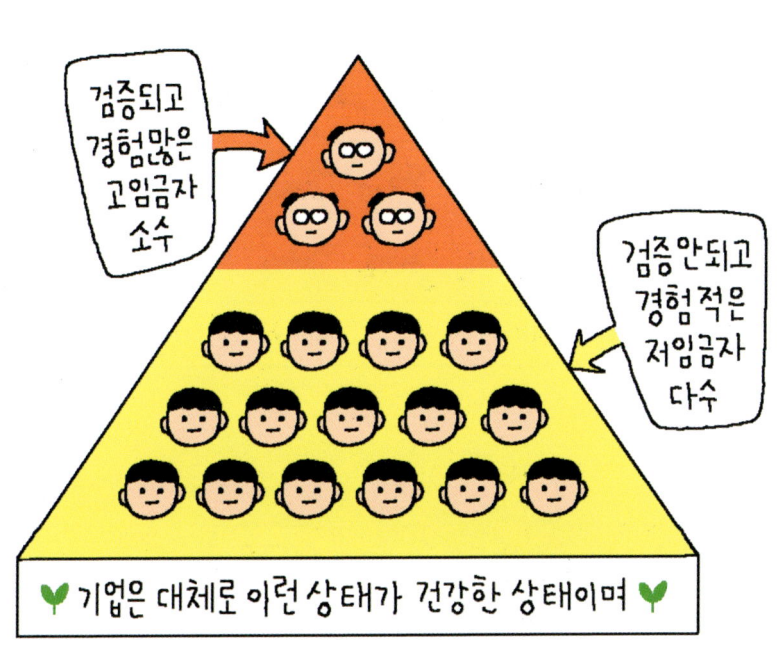

책임과 권한이 분명한 피라미드식 구조

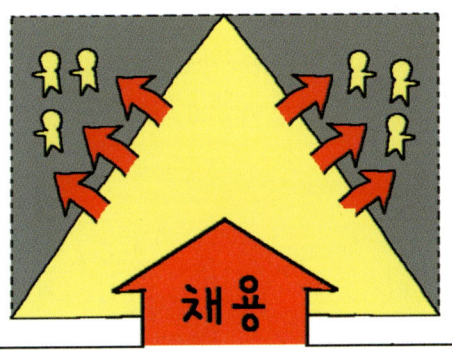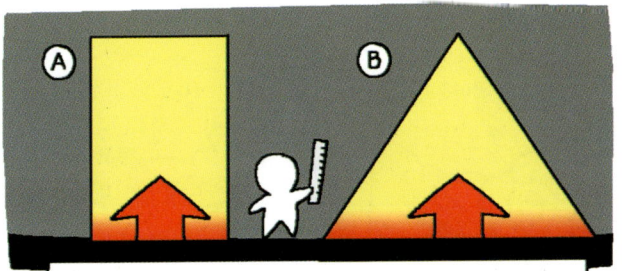

하지만 지금 대한민국의 기업들은 해고가 엄청 어렵게 되어있다.

이런 상황에서 자꾸 뽑기만 하면 기업은 어떻게 될까

"이상한 선악구도"

제 17 화 : 아름다운 단어 뒤에 숨은 속내

진짜 착한 사람은

스스로를 착하다고 말하지 않는다.

살면서 착한사람이 자신을 착하다고 말하는것을 한번도 본적이 없는것 같다.

그래서 난 스스로를 착하다고 말하는 사람을 경계하는 편이다.

그런데 최근 '착함'을 자처하는 집단이나 사람들이 자꾸 보인다.

이렇게 '착하다'라는 말이 엉뚱한 곳에 쓰이는것 처럼

예쁘고 좋은 단어들이 이상한데 쓰이는 안타까운 일들이 종종 있다.

단어들은 아무 잘못이 없는데 괜히 단어들까지 미워짐

"좋은 단어들을"

"자꾸만"

"이상한데 쓰지 말자...ㅠㅠ"

제 18 화 : 금수저가 죄가 되는 세상

"기사 대성공!!"

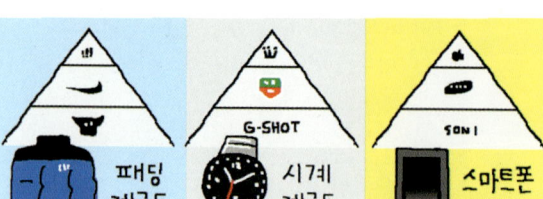

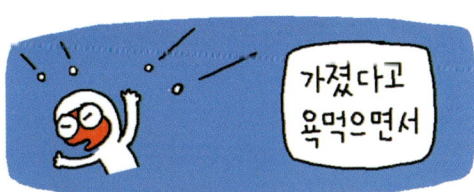

① 세상에 공짜는 "없다" 이불밖은 비싸

② 인생은 원래 고단한거다. 유토피아는 없어

③ 니가 지금 먹고 입고 자는것 모두 부모의 피땀이다; 키워주셔서 감사합니다

④ 남의돈은 니돈이 아니다. 노관심

⑤ "니가 판단하고, 니가 책임지는 니인생이다."

⑥ ✓남탓 하지말고 남한테 기대하지 마라.

⑦ 세상엔 아빠엄마, 할아버지 할머니 말고는 무조건 니편 들어주는 사람 같은건 없다.

⑧ 노력과 성취에서 오는 행복만한게 없다.

⑨ 멋있고 달콤한 말을 하는 어른들을 특히 조심해라.

⑩ 부모의 역할은 스무살 까지
20대부터는 온전히 니 인생 →

제 20 화 : 이승복 소년의 진실

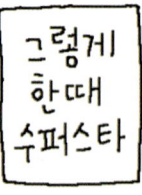

사실 ④ 입이 찢긴 승복이 시신의 턱위치를 바로 잡아준 마을주민 최순옥씨가 존재했다.

당시 진실을 보도한 신문기사

위 사실들로 유추해볼때 필자의 추리는 다음과 같다.

추리 ① 승복이는 간첩들이 국군인줄 알았을 것이다.

야 그 공책은 어디서 났냐?
산건데요~
연필은 어디서 났냐?

국군으로 위장한 간첩들은 첨엔 살의가 없었던 걸로 보인다.

추리 ② 생각보다 가벼운 대화였을 것이다.

남한이 좋냐? 북한이 좋냐?
북한 싫어요! 공산당 싫어요!

9살 승복이는 학교에서 배운대로 대답했던것 뿐 대단한 반공사상 뭐 그런게 아니었을 것이다.

실제로 이 사건을 처음 보도한 조선일보와 조작론자 사이의 재판 결과 역시 모두 사실로 판단된다는 결론이 났다.

하지만 뒤늦게 결론이 나면 뭐해... 진실은 이미 너덜너덜 회복불능...

비교체험 극과극

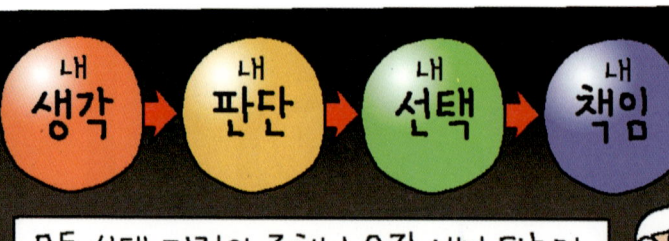

모든 선택 과정의 주체가 오직 내가 되는것

내 자식은 뭐 거창한 출세 같은건 못하더라도

스스로 주인이 되는 인생을 살았으면 좋겠다.

그리고 가만 보면

세상 사람들은 대체로 이 셋은 어렵지 않게들 하는것 같은데

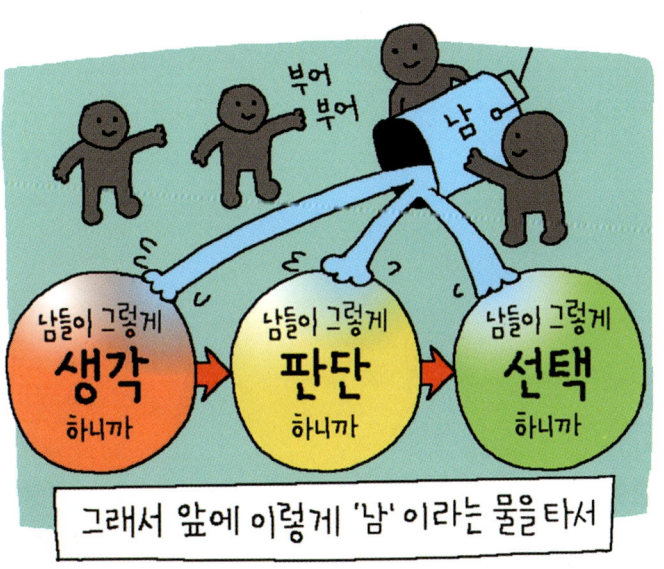

우리 모두 공동체

남

우리집 우리와이프 우리엄마?

이런 사회에서는 남보다 중요한 게 없다. 나보다는 우리, 가치 판단의 기준이 '남'이 된다.

♥ 남에게 휩쓸리며 사는 한국인들 ♥

유모차는 스톡케

남들 보는눈도 있으니까

성탄절 선물은 더닝매카트

남들도 다 사니까

아이때 부터 생각할 틈을 안주는 사회
토론 보다는 주입, 선택 보다는 강요가 대세

스스로 선택하고 책임져본 적이 없으니
사실 이렇게 자라는 것도 충분히 이해가 된다...

제22화 : 여순반란사건 ①

 국가란 무엇으로 이루어져 있을까

당연히  반드시 세가지 요소가 있어야 하죠!

① 국민 ② 영토 ③ 주권

그럼 이 3대 요소들을 잘 유지하기위해 무엇보다 가장 필요한 것은 무엇일까요?

대한민국 국군은 구한말 의병과 독립군, 광복군 등에서 정신적인 혈통을 계승하고

1946년 미군정이 만든 '남조선국방경비대'에서 실질적·형식적인 혈통을 계승했다.

미군정은 장교양성 기관인 '조선경비사관학교'도 만들고 이어서 해안경비대도 창설했다.

미군정은 대한민국에 필요한 군대를 착착 만들었다.

건국 후 이들은 육군, 육사, 해군으로 개칭되어

반면, 북한은 소련의 아낌없는 지원속에 나날이 군사력을 키워 점점 강력해지고 있었으니

이것이 한반도를 바라보는 양국의 시각 차이의 원인이 되었다.

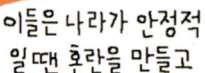

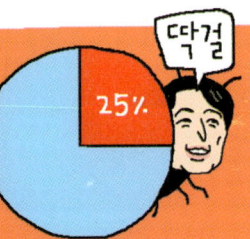

대한민국의 건국이념인 개인의 자유와 권리는 이 땅의 역사에서 내려온 것이 아니었다.

건국당시만 해도 국민 대다수는 전통적인 성리학의 윤리의식 혹은 공산주의 판타지를 갖고있었다...

우린 그야말로 '생존을 위해' 싸울수 밖에 없었다. 민주주의도, 인권도, 복지도 살아남아야 할수있다.

"자유는 공짜가 아니다"

제 24 화 : 남의 돈을 남을 위해 쓰는 사람들

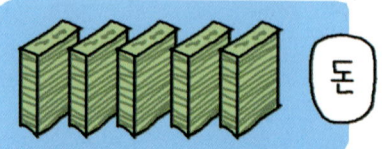

돈

뚝딱 뚝딱

한 국가를 세우고 도시와 문명을 만드는 돈

나라를 지키고, 나라살림을 하고, 사회적 약자들을 보살피는등등에 쓰이는 돈

❸ 그리고 각자 자리에서 열심히 사는 500만 자영업자들 & 자신의 길을 가는 사람들이

세금은 어디서 뚝 떨어진 돈이 아니다. 우리가 낸 우리돈이다.

선거는 남의돈을 남을위해 쓰는 사람들을 뽑아야하는 행위다.

우리가 똑똑 해야한다

높은 도덕성과 이성적이고 합리적인 사고를 가졌는지 매매 단디 봐야한다.

왜냐하면 피같은 우리돈이니까...

> 노력과 댓가는 비례하지 않는다

> 노력한 사람이 성공하는 것이 아니라 성공한 사람이 노력도 한 것이다.

> 성공에 있어 노력이란 기본 베이스일 뿐. 재능, 센스, 배짱, 추진력, 집중력, 운 등등 추가로 필요한 것들도 많지.

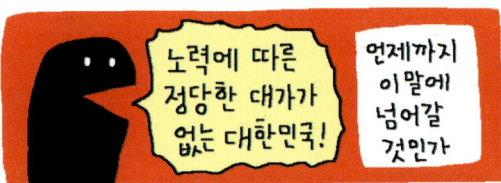

제 26 화 : 친일청산 이야기

1948년 신생 대한민국의 가장 큰 고민은 일제 치하 반민족 행위자 처리 문제였다.

그래서 국회는 반민족 행위자들을 처벌하기 위한 특별법을 만들어

반민특위와 특별경찰대를 의욕적으로 출범시켰다!!

그런데 공교롭게도 이때 하필이면 국회 프락치 사건이라는게 터진다.

남로당과 접선중인 국회의원들이 긴급 체포됐는데 여기에 반민특위 의원 세명이 포함된 것이다.

반민특위와 경찰이 대립하기 시작하고

이후 반민특위는 활동이 일년으로 제한되고 1949년 8월, 용두사미로 유야무야 해산된다.

1년간 반민특위 활동으로 559명 송치, 38명을 재판했고 이중 일부에게 징역 등을 선고했지만

그나마도 6·25 난리통에 어영부영 다 풀려난다;

반민특위는 신생 대한민국이 처한 정치적 현실과 도덕적 당위성 사이의 딜레마를 상징적으로 보여줬다.

이런 모순의 근원은 일제로부터의 해방이 우리 힘으로 쟁취한 것이 아니었다는 점에 있었다.

미국이 일제를 해체하고 남한을 군사점령하면서 일제의 법과 관료제등 시스템을 그대로 계승했고

3년후 출범한 대한민국 역시 미군정의 시스템을 그대로 계승했다.

이런 연속적인 계승 + 개량의 과정을

칼같은 단절과 리셋이 마음처럼
이루어지기 힘든 현실이었다.

대통령은 이런 상황을 알고있었고 그래서
처음부터 민족의 대동단결을 계속 호소했고

그와 동시에 반민특위의 활동이 행여
반공전선에 타격을 줄까봐 노심초사했다.

우리 진지하게 한번 생각해보자

❶ 평균수명 50살도 안되는 사람들이 36년간 일본인으로 살았던 상황

❷ 36년동안 한반도 땅에 근대문명이 처음 싹트고 자라온 상황

❸ 소련·북한과 좌익세력들이 적화통일 기회를 노리고있던 상황

이런 일촉즉발 상황에서 완전무결한 친일청산과 신생국가 건설이 과연 동시에 이뤄질수 있을까?

평생 반일밖에 모르던 이승만이

고정 관념을 깨보자

친일청산의 한계를 느낀이유를 알것 같다 이거야

제 27 화 : 세상에 공짜는 없다

돈은 찍어낸다고 다 돈이 아니다.

진짜 돈과 부루마불 돈의 가장 큰 차이는

진짜 돈은 거대한 대한민국 경제와 연결돼 있지만 부루마불 돈은 게임판 내에서만 연결돼 있다는 것이다.

부루마블 돈은 한정된 게임판을 벗어나는 순간, 아무것도 아닌 것이 된다.

그런데  요즘

국민들의 환심을 사서 표를 더 받아내려고

상품권 형태의 지역한정 화폐를 만들어 뿌리는 유력 정치인이 보인다.

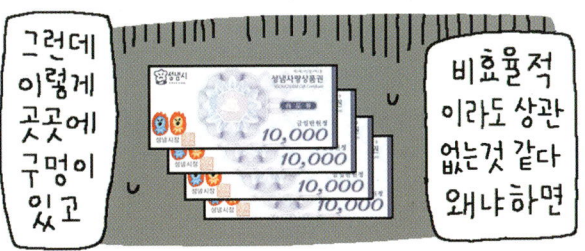

돈은 스스로 번 사람들 각자의 판단하에 돌도록 놔두는것이 진짜 건강한 경제 활성화 입니다

지옥으로 가는 길은 꽃과 음악이 흐르고 선의로 포장돼 있고

제 28 화 : 이승만의 토지개혁

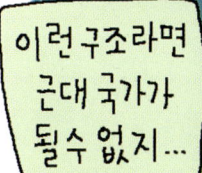

괜찮은 아이템(?)을 주기로 하고 어렵게 협상에 성공한다.

농지는 농민에게 분배하며 그 분배의 방법, 소유의 한도, 소유권의 내용과 한계는 법률로 정한다.

그리하여 건국헌법 86조에 명시한 대로

라는 큰 원칙에 따른 역사적인 본격 토지재분배가 실시된다!

북한의 토지 소유권등 사유재산 부정은 개인의 자유를 억압하고 인권을 계급과 국가에 종속시키게 됐고

반면 개인의 재산권 개념을 도입한 남한의 토지개혁은 자유민주주의의 토대가 됐다.

이런 분위기에 지주들도 자발적으로 자신의 토지를 매각했는데 그 시세도 정부방침과 대동소이 했다.

그렇게 남한 전 농지의 96%가 자작지가 된다.

토지개혁은 오랜 지주와 소작농의 계급 대립을 무너뜨리고 국민을 통합시키는 효과도 가져왔고

곧 발발한 6·25 전쟁에서 국민들이 대한민국에 충성하고 공산주의를 방어하는 효과도 가져왔으며

또한 스웨덴은 5대째 '발렌베리'라는 가문이 산업과 금융을 세습 독점 지배하고 있습니다.

이들이 워낙 공익사업, 사회환원을 열심히 하고 있어 존경을 받고있는 매우 특이한 나라입니다.

우리에겐 엄청난 자원도, 세계적인 관광지도 대대로 마음 착한 독점가문도 없습니다.

지금 우리가 누리는 복지들도 그동안 제조업을 기반으로 폭풍성장을 해왔기에 가능한 것들

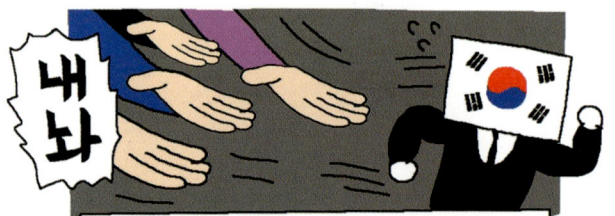

윤튜브 실천등급 여러분 감사합니다
여러분들이 만든 책입니다 야호야호

조이라이드2 명예의 전당

이제는 외롭지 않아
같이 갑시다 ♥

yj	손철원	홍길동	황공성	이아람	김재성	양태순
이후창	김예슬	김인환	장민	차성현	권학준	김문협
우두훈	강민기	강웅	고준희	김무형	김은혜	김하율
최재황	변원철	박주성	신동환	우청훈	윤계신	이석훈
이종원	이주형	손철혁	장상민	조수환	황희성	강정모
강현구	강호원	견용석	고명흥	권병훈	김남율	김동수
박준수	김애리	김민지	이중민	김태환	노재승	박상혁
강영국	권상우	현다빈	정호현	남궁원	제갈훈	김태훈

김낙영	고한수	김대화	김도연	김현설	김현승	민승욱	최민수
박이은	박희경	배승완	서동연	서안향	서재필	손준혁	최병민
송현우	신진욱	신창선	신충호	오세훈	오현석	옥시윤	최경락
강병국	유현	육은석	김승솔	김보상	윤성배	윤재호	표은민
윤준수	윤진환	이규성	이재학	이제원	이중인	이주한	한건희
권도현	김유환	김재우	김홍숙	이기훈	이동규	이동웅	한상리
김경태	권아름	이규호	이기보	이성인	이동준	이정욱	한익속
김명섭	김명현	박수인	박순효	김민규	이진수	이진환	함민속
박대준	박선형	박원규	이환주	이해동	이형철	인태준	유승준
박상훈	박예훈	임미선	임성우	전중국	정건희	정로우	허준무
허창준	KYOON	김도훈	김동민	김선진	문준성	신혜원	이진원

죠이라이드

당연하지만 함부로 말할수 없는 얘기 2

1판 1쇄 발행일 2022년 8월 30일
1판 2쇄 발행일 2022년 9월 12일

작가 윤서인
펴낸이 ENLIGHT
펴낸곳 ENLIGHT
기획·편집 CJB YJY LJH

주소 서울시 강남구 선릉로 428, 위워크 선릉3호점 13층 인라이트스쿨
전화 010-7541-7199
E-메일 enlightkorea@gmail.com

© 윤서인 2022

ISBN 979-11-9763-499-4 07300